BEI GRIN MACHT SICH IHR WISSEN BEZAHLT

Anne Graefen

Reformpädagogik allgemein (1890 - 1930) und Peter Petersen mit seinem Jena-Plan

GRIN Verlag

Bibliografische Information der Deutschen Nationalbibliothek:

Die Deutsche Bibliothek verzeichnet diese Publikation in der Deutschen National-
bibliografie; detaillierte bibliografische Daten sind im Internet über http://dnb.d-
nb.de/ abrufbar.

Impressum:

Copyright © 2005 GRIN Verlag GmbH
Druck und Bindung: Books on Demand GmbH, Norderstedt Germany
ISBN: 978-3-656-71454-5

Dieses Buch bei GRIN:

http://www.grin.com/de/e-book/278334/reformpaedagogik-allgemein-1890-1930-
und-peter-petersen-mit-seinem

GRIN - Your knowledge has value

Der GRIN Verlag publiziert seit 1998 wissenschaftliche Arbeiten von Studenten, Hochschullehrern und anderen Akademikern als eBook und gedrucktes Buch. Die Verlagswebsite www.grin.com ist die ideale Plattform zur Veröffentlichung von Hausarbeiten, Abschlussarbeiten, wissenschaftlichen Aufsätzen, Dissertationen und Fachbüchern.

Besuchen Sie uns im Internet:

http://www.grin.com/

http://www.facebook.com/grincom

http://www.twitter.com/grin_com

Reformpädagogik Allgemein (zwischen 1890 bis 1930)

http://www.wipaed.wiso.uni-goettingen.de/~ppreiss/didaktik/reform96a.html

http://www.paed.unizh.ch/ap/downloads/oelkers/Vortraege/086_GoettingenProblemlo esen.pdf

Begriff der Reformpädagogik

(Reform = Umgestaltung, Verbesserung, Neuordnung)

Eine Definition im eigentlichen Sinne gibt es nicht. Dieser diffuse Begriffe ist ein Syndrom von Hoffnungen und Ansprüchen, Erfahrungen und Konzepten. Man muss sich unter "Reformpädagogik" eine **historische Epoche (1890 – 1933)** vorstellen, die kein historisches Faktum ist, sondern ein **Konstrukt (nicht beobachtbarer Sachverhalt gedanklicher, bzw. theoretischer Natur).**

„Die Kreation der Reformpädagogik" (Tenorth) ist vor allem auf H. Nohl und seine Schüler zurückzuführen, die „aus der Vielfalt von Reformpädagogik die Einheit eines pädagogischen Programms destillieren." Sehr viele heterogene Entwicklungen, Ereignisse und Tatbestände werden zu *einem* pädagogischen Universum verdichtet; unter einen Hut gepackt.

Eine **Schwäche des Epochenbegriffs** liegt darin, dass man zu seiner Beschreibung das **historische Geschehen vereinheitlichen** muss und deshalb die **Differenzen** zugunsten fragwürdiger Typisierungen **aufgeben** muss. Diese Einheitsbehauptung zwingt zur Bestimmung von Kriterien der Gemeinsamkeit, die sich eigentlich in den vielfältigen Ansätzen nur schwer finden lassen. Eine bestimmte Theoriebewegung setzte ein und zog eine neuartige Praxis nach sich.

Historiographischer Mythos mit vier Charakteristika:

- herausgehobene charismatische Gründungsfiguren,
- den Geist des Neuen,
- einen mit beiden verbundene innovative Praxis,
- pädagogische Bewegungen im Namen der Gründungsfiguren

Die meisten Gründungen sind heute vergessen, was überlebt hat, ist nachträglich durch eine interessierte Geschichtsschreibung hoch gewertet und zu einer herausragenden Epoche stilisiert worden.

BENNER, in OELKERS: Politische Reformpädagogik

Wiederkehrende Wechsel und Übergänge von normalpädagogischen Konzepten in reformpädagogische und umgekehrt.

Normalfall: pädagogische Reformen folgen einer vom Staat ausgehenden, mithin politischen Reform des Bildungssystems nach (Modernisierung)

Sondersituation: pädagogische Reformen folgen nicht einfach staatlichen Reformen nach, sondern folgen älteren normalpädagogischen Phasen (wo sie nicht einen Rückfall in ältere, antiquierte Modelle und Konzepte pädagogischen Handelns darstellen) und gehen künftigen voraus.

Ziel ist es ältere Normalpädagogik auf dem Wege der Reform in eine neue Normalpädagogik zu transformieren. Jede Reformpädagogik strebt ihrerseits danach, die Reformkonzepte, die sie vertritt, zu realisieren und zur Normalpädagogik zu werden, um dann evtl. eine staatliche Reform nach sich zu ziehen.

Politische und gesellschaftliche Entwicklung

- 1871-1918 Deutsches Kaiserreich:
  - 1871 - 1890: Zeit des Reichskanzlers Bismarck (Gründer des Deutschen Reiches);

    + Bismarck steht hinter Wilhelm I. (König von Preußen und Deutscher Kaiser von 1871 bis 1888, verheiratet mit Kaiserin Augusta) ⇔ gegen das Parlament

    + Wilhelm I. stirbt 1888; sein Sohn Friedrich III. wird Nachfolger für 99 Tage bis auch er stirbt

    + Wilhelm II., der Enkel Wilhelms I. wird Nachfolger bis 1918

  - 1890 - 1918: wilhelminische Epoche und Erster Weltkrieg
  - 1918: Novemberrevolution: Monarchie → pluralistische und parlamentarisch-demokratische Republik
- 1918 - 1933: Weimarer Republik

Reichsgründung von 1871 beschleunigte den Modernisierungsprozess. Das **19. Jahrhunderts** stand im Zeichen der **Industrialisierung** (von Petersen am negativsten eingeschätzt), **kapitalistischen Wirtschaft und der Ausdehnung von Verwaltungen**. Die technischen Neuerungen machten eine neuartige und höhere Qualifikation der menschlichen Arbeitskraft notwendig.

Zu Beginn des 19. Jahrhunderts war in Deutschland die **allgemeine Schulpflicht** Realität.

Der Besuch eines **Gymnasiums** war den Kindern der obersten **gesellschaftlichen Elite** vorbehalten. Das **Bürgertum** schickt seine Kinder zur **Realschule**. Für die **unteren sozialen Klassen** stand die **Elementarschule** (seit 1920 vierjährige Grundschule) offen, in der kaum mehr als der Katechismus gelernt wurde und die Grundkenntnisse im Lesen, Schreiben und Rechnen.

Kennzeichen aller Schulformen war eine **reine Wissensvermittlung**, also ein **Auswendiglernen ohne eigenständiges Denken (Buchschule)**.

Gesellschaftliche Bewegungen brachten das Recht und den Anspruch auf **Selbstbestimmung und Mitbestimmung** sowie auf **Bildung und Arbeit** gegenüber dem totalitären wilhelminischen Staat ins Spiel. Die Ideen der Französischen Revolution (1789 – 1799: Monarchie → Republik) fanden zunehmend ihre Konkretisierung: **Freiheit, Gleichheit, Brüderlichkeit**. Nach dem 1. Weltkrieg gab es die ersten **Lebensgemeinschaftsschulen** in den Großstädten.

Die **Weimarer Republik** ermöglicht erstmals eine **Verbreitung von demokratischem Gedankengut** (Gründung von demokratischen Parteien und Vereinen) und der **Entwicklung einer starken Frauen-, Jugend- und Arbeiterbewegung** (Gewerkschaften). Andererseits waren die Interessen der Industriellen und der Anhänger der Kaiserzeit weiterhin stark verbreitet. Die traditionellen gesellschaftlichen Wertvorstellungen hatten sich durch die Umwälzung auf technischem Gebiet noch nicht geändert.

- Bereits Rousseau sprach von der Phase der Kindheit (1762), aber es kam zu keinem gesamtgesellschaftlichen Umdenken
- Für die entstehende Industriegesellschaft (Anfang des 19. Jh. In Dtl.): andere Sicht auf das Kind, passender für die Anforderungen an die Zukunft
- Ab 1890: dramatische Richtungsänderung der Gedankenentwicklung
- 1900: „Jahrhundert des Kindes" von Ellen Kay
- „Pädagogik vom Kinde aus" (M. Montessori)
- Reformpädagogik der 20er Jahre: Klassik der heutigen Pädagogik, Bausteine für weiter zu entwickelnde Modelle

1890 – 1918: Entstehung einzelner Reformideen und –schulen
ab 1918: Konsolidierung (Verstärkung) der neuen Schulgründungen und ihre bildungstheoretische Grundlegung in pädagogischen Gesamtprogrammen
ab 1925: kritische Selbstreflexion auf Tragweite und Grenzen der vorgetragenen Entwürfe und Programme (nach Böhm: Wörterbuch der Pädagogik)
Umwandlung des Politiksystems in eine parlamentarische Demokratie bildete den Endpunkt der Entwicklung

Grundmotive / Merkmale der Reformpädagogischen Bewegung

1. **Antikapitalistische Kritik** (gegen egoistisches Profitstreben, die Ausbeutung der Arbeitskraft, moralische Verfallserscheinungen), bürgerliche Reformpädagogen grenzen sich zwar scharf vom Marxismus ab, aber sie vertreten eine nicht-marxistischen Sozialismus nationaler Tönung. **Petersen** will den **Gegensatz von Kapital und Arbeit in der Volksgemeinschaft aufheben.**

2. **Jugendbewegung, Kulturkritik** und die **kritische Auseinandersetzung mit der überkommenen bürgerlichen Bildung und Erziehung** standen am Anfang der Reformpädagogik und begleiteten sie (**sozial- und gesellschaftskritische Bewegung**). In Deutschland wurden zusammen mit ausländischen Einflüssen die antirationale Bildungskritik Nietzsches und der Protest der Jugendbewegung von neuen Wertsetzungen aus besonders wirksam. Bei der **"alten Schule"** wurden vor allem die **herbartianischen Formalstufen, ihre intellektualistische Verengung und Vernachlässigung facheigener Strukturen, ihr autoritärer Lern- und Unterrichtsstil und die Kluft zwischen Schule und Leben** Ansatzpunkte der **pädagogischen Kritik.**

3. Den pädagogischen Kern bildet eine neue vermeintliche Pädagogik **vom Kinde aus** (naive Utopie), die im Gegensatz stand zu den bis dahin die Erziehung bestimmenden Forderungen und Maßstäben der Erwachsenen als Träger ihrer gesellschaftlichen Ordnung.

   Menschliche, kindgerechte und demokratische Alternative zu den hierarchisch gegliederten Schulen (früher waren Gesellschaft, Bildungsinhalte und die Erwachsenen bestimmend, nun sollte das Kind bestimmend sein)
   → Geringachtung des Kindes hin zur **Achtung des Kindes als Individuum**
   Mischung von kindzentrierten pädagogischen Ideen und schülerorientierter pädagogischer Praxis

4. Die Reformpädagogik verstand **Erziehung** vorwiegend als ein **Sichanschließen an die natürliche Selbstentwicklung des Heranwachsenden in seiner Umwelt.** Die spontanen geistigen Äußerungen, die aufbrechenden Interessen des Heranwachsenden nahm sie zu Ansatzpunkten ihrer bildenden Bemühungen. Wenn sie dabei das **"Wachsenlassen"** der geistigen Kräfte besonders betonte, lag die Sorge zu Grunde, dass Zwang, feste Führung und Autorität der freien natürlichen Entwicklung Schaden zufügen könnte.

5. Diesen Prinzipien der Freiheit entsprachen a) für das **Kleinkindalter** und darüber hinaus: die **positive Einschätzung des Spiels** als eines wichtigen, natürlichen, freien Selbstbildungsmittel und b) für das **Schulalter**: die didaktische Neuentdeckung der **musischen Bereiche.**

6. Die Erkenntnis der **im Kind angelegten Kreativität, Spontaneität und Aktivität und seines Dranges nach Selbsttätigkeit und Selbstständigkeit** begründete die sogenannte **Arbeitsschule.** Lernen

mit **Kopf, Herz und Hand**, Anschauung ist das Fundament aller Erkenntnis (Pestalozzi 1746 – 1827)

7. Der Ansatzpunkt der Reformpädagogik beim einzelnen Kind, aus dem sich die weitreichende Forderung nach Individualisierung ergab, wurde durch das **pädagogische Gemeinschaftsprinzip** ergänzt. Dies meint:
a) dass **Erziehung** sich immer **in der Gesellschaft vollzieht**

b) dass sie sich **durch die Gemeinschaft vollzieht**, indem deren Glieder sich **gegenseitig erziehen**

c) dass **Gemeinschaft ein Hauptziel der Erziehung** darstellt.

8. Von sozialen und politischen Intentionen war die **Einheitsschulbewegung** motiviert, die bestimmte Spaltungen im Schulwesen abschaffen wollte: die schulische Trennung nach Geschlechtern sollte durch eine Schule der **Koedukation** aufgehoben werden. Allein Begabung und schulische Tüchtigkeit sollten für das Weiterkommen des einzelnen maßgebend sein.

9. In der Reformpädagogik ist die Person des Erziehers und Lehrers in allen Erziehungs- und Bildungsbereichen den methodischen und organisatorischen Fragen gegenüber übergeordnet. Ihrem dialogischen Erziehungsverständis entsprach das **Erzieher-Zögling-Verhältnis** als die **eigentliche erzieherische Wirkungskraft**. Im **Gespräch** sah sie die **Grundform aller Erziehung**.

Folgen: Die Reformpädagogik war durch ihre Entwürfe und ständige Reflexion ein Werk der Praxis, das von einer kraftvollen, auch die Öffentlichkeit alarmierende Bewegung getragen wurde. Zugleich hat sie wesentlich zur Herausbildung einer **neuen erziehungswissenschaftlichen Theorie auf den Universitäten** beigetragen. Sie **begründete die Pädagogik als eigene Universitätsdisziplin.** **Bleibende Bedeutung** der reformpädagogische Bewegung: Ausdifferenzierung der pädagogischen Praxis in pädagogische Berufe (Professionalisierung)

Die Reformpädagogik brachte **grundsätzlich gültige pädagogische Einsichten und zahlreiche Ansätze für weiter zu entwickelnde pädagogische Reformen** hervor. Für die Pädagogik unserer Zeit sind allerdings andere Gesichtspunkte in den Vordergrund getreten, z.B. ihre gesellschaftliche Funktion, und dass **heute** eine **stärkere Berücksichtigung der Rationalität** im Bildungsprozess notwendig erscheint.

Neue schulische Formen
- Gesamtunterricht, freies/offenes Gespräch, Schülermitverwaltung (B. Otto)
- Gruppenunterricht (Ferrière)
- Arbeitsschule, staatsbürgerliche Erziehung (G. Kerschensteiner, Gaudig)
- Waldorfschule (R. Steiner)
- AGs
- Werken
- Gymnastik

Zwei Hauptgruppierungen

1. bürgerlich-konservative Reformer und

2. aufgeklärt-demokratische Reformer (gewisse Nähe zu sozialistischen Ideen)

zu 1. (besonders Petersen)

Dem industriellen Aufstieg folgt ein kultureller Verfall

- Bedrohung der Volksgemeinschaft
- Pluralismus als Auflösung der nationalen Kultur- und Bildungseinheit
- moralisch-sittliche Verfallserscheinungen, Unsittlichkeit (Petersen schätzt, dass schon mehr als die Hälfte der Bürger zu dem „Eingeweide-Typ" gehören)
- Auflösung des ständischen Systems (wies jedem Stand organisch seinen Platz und seine Aufgabe im Ganzen zu, harmonisierte Interessenkonflikte)

Primäre Ursache: Ausbreitung des Intellektualismus und der Vernunftideologie → Schuldzuweisung an die Aufklärung

Die konservative Reformpädagogik betrieb eine Modernisierung der Erziehung im Dienste der Anti-Moderne gegen einseitigen Unterricht und Wissensweitergabe

Zu 2.

- „moderne" Reformer
- positive Wertung von Rationalität und Aufklärung
- positive Wertung der Modernisierung der Lebenspraxis

Peter Petersen (1884 – 1952) und sein Jenaplan

Pädagogisches Gesamtkonzept / konstitutive Elemente des Jenaplans

- Dem Verständnis der Jenaplan-Schule kann ein Blick auf zwei Versuche der amerikanischen Schulreform dienen: Der Dalton-Plan der Helen Parkhurst und der Winnetka-Plan des Carleton Washburne
- Seit 1923 entwickelt, Schulversuch in Jena
- Anstoß: Besuch des Landerziehungsheim am Ammersee
- wurde seit der Konferenz von Locarno so genannt „Internationaler Arbeitskreis für Erneuerung der Erziehung"
- Ziel: Angelegt für eine grundlegende strukturelle Erneuerung des öffentlichen (!!!) Schulwesens (**freie allgemeine Volksschule**, deren Aufgabe darin besteht, dass die Einzelnen sich als Angehörige des Volkes wahrnehmen)
  - P. kritisiert damit die 4-jährige Grundschule (seit 1920 für alle Kinder zwischen 6. und 10. Lebensjahr) und fordert mind. 6 bis 7-jährige Grundschule; Ideal: gemeinsamer Schulbesuch bis zum Abitur
  - radikaler Schulversuch, der sich gegen den alten Unterrichtsverband und die Lernschule (belehrende Schule) wendet; Errichtung einer humanen Schule
  - P. wendet sich gegen die Schule als Herrschaftsmittel des Staates (Erziehung zu gehorsamen Untertanen, Nationalerziehung); Schule, wie er sie selbst im Gymnasium erlebt hat
- P.s Forderung: seinen Schulversuch in Jena nicht als dogmatisch bindendes Vorbild anzusehen, sondern als „**Ausgangsform**" → qualitatives Gewicht für die Schulentwicklung bis in unsere Gegenwart, interpretierbares Grundmodell: offen für lokale Adaption, Integration neuer pädagogischer Einsichten, Auseinendersetzung mit neuen gesellschaftlichen Tendenzen
- Ausgangsform: wurde in allen Schularten ausprobiert; Besorgnis, es werde überhaupt nicht funktionieren, ist dadurch nicht gerechtfertigt

- Fügt Einsichten und bewährte Grundzüge bereits bestehender Reformansätze zu einem eigenen Konzept zusammen „praktisch gewordene Synthese der großen Anstöße der Schulreformbewegung" (nach Kudritzki)
Drucken – Freinet;
Schulgarten und Schulfahrten – Stoy;
Schule als Lebens- und Gestaltungsraum – Decroly;
Lehrgang, Sonderkurse, Gesamtunterricht – Berthold Otto;
Kapellengedanke, Stufeneinteilung – Lietz;
Schulgemeinde, Pädagogische Rückschau, Kurssystem – Geheeb;
Projektmethode – Kilpatrik;
Arbeitsunterricht – Kerschensteiner;
Gruppenunterricht – Ferrière
(Arbeitsschulprinzip nicht von Gaudig und Kerschensteiner gewonnen, sondern als Ergebnis einer allgemeinen Anschauung von „Neuer Erziehung" – Selbsttätigkeit des Kindes, projektgebundene Gruppenarbeit –)

- keine Unterrichtsmethode, kein didaktisches Modell
- Allgemeine Schule (mind. 10-jähriges Schulmodell), die „Kinder beiden Geschlechts (Koedukation), jeden Standes und Bekenntnisses, jeder Begabung vereint und das so lange als möglich" (Petersen); früher Integrationsgedanke; Recht auf Gleichheit und Verschiedenheit wird vorgelebt und vermittelt
- Forderung: „Schule solle Hochbegabungen in ihren Dienst nehmen" (Petersen 1937)
- Forderung: „Freiheit der Forschung im Umgang mit dem Stoff"
- Lebensgemeinschaftsschule, „Haus des miteinander Lebens und Lernens", Schule als Lebensstätte, überschaubarer und verstehbarer Ort, Heimat für Kinder, Raum echter Lebenserfahrung, Schule neuer Erziehung
- Erziehung steht im Mittelpunkt der Schulkonzeption, dient der Menschwerdung des Menschen (zuerst Erzieher, dann erst Lehrer sein); Humanisierung des Menschen dominiert gegenüber unterrichtlichen Aufgaben
- Schule passt sich dem Leben des Kindes an; nicht umgekehrt
  → unterrichtliche Öffnung zu den Lebensproblemen von Kindern statt nur zu Unterrichtsstofflichem
- Kollegiale Schulleitung
- Eltern als Teil der Schulgemeinde: aktive Mitarbeit, finanzielle Unterstützung

Merkmale (mit jeweils kritischen Anmerkungen)

1. Stammgruppe statt Jahrgangsklasse
- jahrgangsübergreifende Gruppen
  → Die Klasse auf ein einheitliches Niveau zu bringen schien Petersen erzieherisch falsch
  → Petersen kritisiert, dass die Jahrgangsklasse den Begabungen und Entwicklungsmöglichkeiten nicht gerecht werde
  → *Fiktion* einer Leistungsgleichheit der in einem Jahr Geborenen wird gebrochen
  → Hellbrügge stimmt ihm zu und sagt, dass altersgleiche Gruppen unnatürlich sind und negative Auswirkungen haben können
- Heterogenität des tatsächlichen Lebens wir nachgebildet (natürlich erzieherische Situation)
  → fraglich, ob die Heterogenität auch für den Bildungsprozess nützlich ist
- Altersgefälle von etwa drei Jahren (Untergruppe: 1. bis 3., Mittelgruppe: 4. bis 6., Obergruppe: 6./7. bis 8. und Jugendlichengruppen: 8./9. bis 10. und 10./11. bis 12.) Sitzen bleiben wurde zum Fremdwort (wenn jemand noch nicht in der Lage war zu wechseln, kann er ein weiteres Jahr in seiner alten Stammgruppe bleiben)
  → Neue Pädagogische Psychologie bestätigt, dass in diesen Einschnitten auch die der seelisch-körperlichen Entwicklung der Kinder liegen (kleiner Jena-Plan)
- tätiges Miteinander von Jung und Alt, Erfahren und Unerfahren, „Hilfe Bedürftigen" und Hilfe Gebenden
  → Kooperatives Lernen: gegenseitiges Helfen fördert Selbstvertrauen und Aha-Erlebnisse
- Schüler erhalten Funktion des Lehrlings, Gesellen und Meisters

→ jeder Schüler nimmt jede Funktion in jeder Gruppe mindestens einmal wahr und muss sich immer wieder ein- und unterordnen
→ Überhebliche werden von ihrem hohen Ross geholt
→ P. vollzieht hiermit jedoch eine Abgrenzung gegen die er sich eigentlich vehement gewehrt hat.

2. Rhythmischer Wochenarbeitsplan statt Stundenplan

- freies Arbeiten nach Wochenarbeitsplänen anstatt feste Stundenpläne; Blockstunden a ca. 100 min. anstatt 45 min. Rhythmus (P.-Schule in Neukölln: Abschaffung der Klingel)
  → Selbstverantwortlichkeit für Pflicht- und Zeiterfüllung wird erfahren
  → Möglichkeiten zur Eigenkontrolle
  → individuelle Förderung der Schüler
- Einheit des Wochenarbeitsplans überschreitend: „gruppenunterrichtliches Verfahren"[1], unterschiedliche Arbeitsformen
  → P. wird nicht konkret, lässt freien Spielraum
- In „Pädagogischen Situationen"[2] wird dafür Sorge getragen, dass sie „Grundformen menschlicher Bildung"[3] gleichrangig und der Situation angemessen zur Entfaltung kommen
  → Wissenserwerb kommt unter Umständen zu kurz
- Schüler lernen Zukunftsbedeutsames und sie Betreffendes

3. Geleitetes Unterrichtsleben statt Vorrangstellung von Frontalunterricht und Lehrerbelehrung

- Selbsttätigkeit der Schüler, Ganzheitliches Lernen
  → Lehrer tritt in den Hintergrund
- vier „Grundformen menschlicher Bildung"
  z.B. Montagmorgengesprächskreis und freitägliche Wochenabschlussfeier
- Drei Hauptformen des Unterrichts:
1. gruppenunterrichtliches Verfahren (s. Fußnote 1) / Initiative und Erarbeitung wird den Schülern überlassen; Voraussetzung: ausreichend Arbeitsmaterial und Erlernen des Umgangs damit
2. Gesamtunterricht (durch das Unterrichtsgespräch geleitet; Arbeit am Stoff)
3. Kurse, die sich am Leistungsstand der Kinder orientieren, nicht am Jahrgang (Einführungs-, Niveau-, Einschulungs-, Sonder- und Wahlkurse), Leistungsschwächen werden individuell angegangen
- „schweigendes Denken", „nebenhergehendes Lernen" (nach Petersen)
  → ruhige Arbeitsatmosphäre (wie genau soll diese produziert werden?)

4. Schulwohnstube statt Klassenzimmer

- Lebens- und Lernort gleichermaßen
- Raum gemeinsamen Umgangs mit Mensch und Sachen
- Heimat
- Ort zum Wohlfühlen, angeregt werden

---

[1] Beitrag aller Stammgruppenmitglieder zum gemeinsam ausgewählten und gemeinsam beschlossenen Epochen-, Semester- oder Trimesterthema
[2] „Problemhaltiger Lebenskreis von Kindern und Jugendlichen um einen Führer (= Pädagogen), von diesem in pädagogischer Absicht derart geordnet, dass jedes Glied des Lebenskreises genötigt wird, als ganze Person zu handeln, tätig zu sein." (Petersen, 1937/59)
[3] Gespräch – Unterhaltung, häufig im Kreis (Unterricht), Spiel, Arbeit, Feier/Fest

5. Charakteristik statt Zensuren und Notenzeugnis / „Leistungskultur, nicht Leistungskult" (nach Petersens Führungslehre)

- Zensuren und Versetzungssysteme werden als Strafe angesehen
  → Kinder fordern sehr früh die Vergabe von Noten
  → verbale Beurteilungen sind nicht unbedingt weniger verletzend
  → Wert gelegt werden sollte auf behutsame diskursive Beurteilungen (gleichberechtigter Diskurs zwischen Lehrer und Schüler)
- Anstelle des Notenzeugnis tritt die halbjährliche „pädagogische Rückschau" (Kinder präsentieren der gesamten Schulöffentlichkeit ihre Arbeitsergebnisse aus der Stammgruppe
  → ist in der Schulpraxis nur für einzelne Bereiche möglich (z.b. auf Feiern)
- „Subjektiver" Bericht für die Schüler (Fortschritte und Entwicklung)
  → Kinder müssen lernen, mit ihren Schwächen/Defiziten umzugehen und and ihnen arbeiten
- „Objektiver" Bericht für die Eltern (noch bestehende Defizite; Hinweise, wie Schule und Eltern gemeinsam mit dem Kind daran arbeiten können)

6. Veränderte Lehrerrolle

- Lehrer als Teil der Gruppe
- „Nie darf er so stark sein Eigenes vordrängen, dass er sich als Individuum genießt"
- „Es muss die Stimme der Gemeinschaft sein, die durch ihn spricht, und ist das der Fall, so ist er „in Funktion" und im höchsten Sinne Autorität" (nach Petersen)
- Lehrer als Gesprächsleiter, Begleiter, Moderator
- Der Lehrer ist „Führer mit charismatischen Fähigkeiten, die Schüler an seine Ideen zu binden"
- Lehrer führt die Schüler zur Selbstführung
- Schaffen pädagogischer Situationen, in denen die Grundkräfte kindlicher Entwicklung mit den Kräften kindlichen Bildungserwerbs zur Deckung gelangen
- „Allem nachgehen, was an Gutem in den Kindern selber liegt, und dort fördern, ohne viele Worte, aber durch stille selbstverständliche Parteinahme für alles Gute, Schöne und Liebe."
- Lehrer als „helfender und die kindlichen Lernwege begleitender Erfahrener" (nach Petersen)

Was ist reformpädagogisch am Jenaplan?

- Abschaffung der herbartianischen Formalstufen (nach Herbart, Rein): Vorbereitung, Darstellung, Verknüpfung, Zusammenfassung, Anwendung
- Minderung des autoritären Unterrichtsstils: weniger belehrender Frontalunterricht mehr geleitetes Unterrichtsleben
- Schule als Lern- und Lebensort gleichermaßen (Lebensgemeinschaftsschule, Schulwohnstube: Distanz von Schule und Leben soll überwunden werden)
- Pädagogisches Gemeinschaftsprinzip, Gemeinschaft als Hauptziel der Erziehung (Stammgruppen, Feiern)
- Gespräch als Grundform aller Erziehung (vier Urformen)
- Positive Einschätzung des Spiels

- Förderung der Selbsttätigkeit und Selbstständigkeit der Schüler (vier Urformen der menschlichen Bildung; Wochenplanarbeit; Lernen mit Kopf, Herz und Hand)
- Koedukation
- Verändertes Lehrer-Schüler-Verhältnis

Entwicklung nach dem 2. Weltkrieg

- Niederlande:
  - seit 1953 (!) erfolgreiche Schulreform im Sinne des Jenaplans; heute: 250 Jena-Plan-Schulen!!! Offene Mentalität und demokratische Struktur
  - Kees Both: 20 Grundprinzipien des Jena-Plans, wichtigster Grundsatz: „Jeder Mensch ist einzigartig. Er hat seinen eigenen Wert und seine eigene Würde. Beides ist unersetzbar."

- Deutschland:
  - Bis zum Ausbruch des 2. Weltkriegs: 60 Jenaplan-Schulen, heute nur noch fünf Ur-Jenaplan-Schulen
  - seit den 80er Jahren, vornehmlich im Kölner Raum, Grundschule
  - Seit der Wende erfolgreiche Adaption im Osten: z.B. Jena (Genehmigung bis zum Abitur), Suhl (Modell für eine sechsjährige Schule, Integration und Förderung Hochbegabter)
  - Heute: 15 Jena-Plan-Schulen in Deutschland (weder Auseinandersetzung mit den theoretischen Grundlagen der Pädagogik noch Stätten pädagogischer Tatsachenforschung)
  - 1996: Gründung der Gesellschaft für Jenaplan-Pädagogik in Deutschland
  - Warum dieses Modell in Nachkriegsdeutschland völlig außer Acht gelassen wurde, ist unbegreiflich. Jenaplan-Schulen erziehen nicht für dieses oder jenes System, sondern zum freien Menschen
- Weltweit über 2000 Jenaplan-Schulen

Bezug zu heute

Probleme (nach PISA – Program for International Student Assessment):
- Mangelnde Toleranz und Empathie
- Aggressionen und Feindlichkeit
- gering ausgeprägte Tugenden und mangelnde Akzeptanz der Regeln des menschlichen Miteinanders
- geringe Motivation und Leistungsbereitschaft
- Schüler lernen mit zu wenig Verstand, unselbstständig
- Regelschulen werden mit den Problemen nicht mehr fertig

Politische Forderungen:

GEW, Grüne und SPD: Aufteilung auf Haupt-, Realschulen und Gymnasien abzuschaffen, z.B. neun oder zehn Jahre gemeinsamer Unterricht (skandinavisches Modell), individuelle Förderung der Schüler, Sitzen bleiben abschaffen, Noten werden bis Klasse 8 durch „individuelle Lernentwicklungsberichte" ersetzt, unabhängige Qualitätsagentur, zentrale/einheitliche Prüfungselemente

Prenzel (Bildungsforscher, deutscher Mister PISA): neue Qualität des Unterrichts - am Alltagsleben orientiert, mehr Freiräume und Beratung für die Schulen, stärkere Beteiligung der Eltern, klare Bildungsstandards (Widerspruch zu mehr Freiraum?)

Schleicher (OECD-Bildungsexperte, Organization for Economic Cooperation and Development): Aufgabe des dreigliedrigen Schulsystems, Ausgaben des Staates für die Schulen erhöhen

Sorgfältigere Ausbildung von Erziehern, da frühkindliche Förderung das A und O

Kritik an früher Separation:
- In keinem Land Europas wird so früh leistungsdifferenziert wie in Deutschland!
- Alle Länder, die später trennen, produzieren bessere Leistungen
- Soziale Durchlässigkeit ist miserabel, das Beharrungsvermögen in tradierten Bahnen zu entscheiden ist enorm (milieuspezifische Risikoabwägung)
- Fünf Wirtschaftsweisen: unzureichende „sozial Bildungsrendite"
- Bisherige Schulkonzepte können aus verschiedenen Gründen kritisiert werden: Schüler werden allgemein zu früh zu Fachidioten erzogen.
  - 4-jährige (in Berlin: 6-jährige) Grundschule und anschließende Differenzierung
  - zehnklassige allgemeinbildende Oberschule der DDR (fast durchweg frontaler Unterricht, Fachborniertheit und frühes fertig werden mit der Ausbildung, anschließend tagaus, tagein dasselbe machen)

Kritik an der Abhängigkeit des Schulerfolgs vom Einkommen und der Bildung der Eltern (in keinem anderen vergleichbaren Staat der Welt so stark wie in Deutschland)
In den meisten Bundesländern entscheidet der Elternwille über den Schulverlauf der Kinder; nur in Bayern ist das Urteil des Grundschullehrers lebenswegweisend

Vorteile des Jenaplans im Bezug zu den heutigen Problemen: hoher Stellenwert für eine innovative Schulpraxis
- größtmögliche Offenheit und Freiheit
- Chancengleichheit
- Selbsttätigkeit und selbstständiges, ganzheitliches Lernen wird gefördert (Wochenarbeitsplan . . .)
- humane Pädagogik: Recht des Kindes auf das ihm gemäße Lernen wird verwirklicht
- starke Beteiligung der Eltern
- Erziehung erhält einen höheren Stellenwert
- Mehr Toleranz und weniger Aggressionen durch Stammgruppen

- höchster Prozentsatz an Sicherheit ist dafür gegeben, dass die „fruchtbaren Momente" jeweiliger Tätigkeit, die Wellen und Höhepunkte des Denkens ausgenutzt werden (Blockstunden von 100 Minuten Länge)

Bei Gefahr einer unzureichenden Wissensvermittlung und Nivellierung, könnte man zumindest Teilelemente aus dem Plan übernehmen und P.s Angebot nachgehen, der sagte, der von ihm entworfene Plan sei nur eine Ausgangsform.

Möglichkeit, Teilelemente in die heutige Praxis zu übernehmen:
- durch Zusammenlegung von zwei oder drei Jahresklassen (in Berlin und Nordrhein-Westfalen ab 2005/06 jahrgangsübergreifender Unterricht in der integrierten Schuleingangsphase)
- Einrichtung der Arbeitsgemeinschaften mit heterogenen Altersjahrgängen (wird heute teilweise schon gemacht)
- Aufbau neuer Stundenpläne, die dem Tages- und Wochenrhythmus entsprechen
- Schaffung sozialintegrativer Unterrichtsformen - partnerschaftliches Lernen, Gruppenunterricht, Kurse- Lehrgänge
- Gesprächsrunden, Kreisstunden, Feiern

Schulkonzept der Peter-Petersen-Schule in Neukölln

- Name: seit 1959
- Zum 100. Geburtstag von P. mit den pädagogischen Ideen auseinandergesetzt (zunächst auf Anforderung von Dr. Hanna-Renate Laurin, der damaligen Schulsenatorin von Berlin, 1981 - 1989)
- Schulversuch:1994/95 – 2000/01
- Seitdem: Schule mit besonderer pädagogischer Prägung
- Verlässliche Halbtagsgrundschule (VHG): seit 1999
- ökologisches Profil
- hoher Arbeitslosenanteil, schwieriges soziales Milieu
- 363 Schüler, davon 178 nichtdeutscher Herkunft (Kiezschule)
- Insgesamt 12 Stammgruppen; 6 untere und 6 obere
- davon schließen sich jeweils drei zu Teams zusammen (wöchentliche Teamsitzung und zweiwöchentliche Teamsprechersitzungen mit Schulleiterin und Stellvertreterin)

Tagesablauf
8:20 Uhr: Beginn (Abstellen der Klingel)
9:50 Uhr: gemeinsame Frühstückspause (Milchversorgung, auf gesunde Ernährung wird geachtet, Esskultur wird im Schullandheim trainiert)
10:00 Uhr: Hofpause
10:20 Uhr: Meditations-, Ruhe-, Entspannungsphase nach der 1. Pause (3 Schweigeminuten)
auch die 2 Pause soll ausgedehnt werden geplant ab Februar 2005

montags: Gesprächskreis
freitags: Wochenabschlussfeier

- Vier Grundformen des Lehrens und Lernens: Gespräch als Basis (Erlebnisberichte, Planungen, Besprechen von Problemen), Arbeit

(Wochenplanarbeit, Kurse), Spiel (eine Spielstunde pro Woche, spielerisches Lernen kommt etwas zu kurz), Feier (nicht so intensiv wie von P. vorgesehen, aber dennoch regelmäßige Schulfeste, Wochenabschlussfeiern: hoher Motivationswert, Sicherheit des Auftretens, gemeinsames Singen, Stärkung des Miteinanders)

- Einübung demokratischen Verhaltens (Schülerparlament)
- Intensive Elternmitarbeit
- fächerübergreifender Unterricht
- regelmäßige Buchvorstellungen
- bis zum 4. Schuljahr: verbale Beurteilungen, Zensuren in 5 und 6 (Anerkennungskultur)
- Gerüst von Regeln im ständigen Bewusstsein, jeder muss sich dran halten (strenge Beachtung)
- ausschließlich Selbstevaluation
- Plädieren für die Schulanfangsphase von 3 statt 2 Jahren

Vorteile
- gutes Abschneiden der Schüler, die zur Hauptschule wechseln, Lernbereitschaft und Schulfreude bleibt bestehen
- Anzahl der Realschulempfehlungen wurden erhöht
- Mindestens zwei Schüler pro Jahrgang absolvieren die GS in fünf Jahren (ca. gleich viele Schüler bleiben sitzen)
- Verbesserung des Schulklimas (freundlicher Umgang der Schüler untereinander)
- anfangs Mehrarbeit und Umdenken auf Seiten der Lehrer, später folgt Entlastung

Gründe für Stammgruppen statt gut gemachte Binnendifferenzierung in Jahrgangsklassen
1. In Stammgruppen haben die Lehrer keine andere Wahl als binnendifferenziert zu arbeiten, große Anteile von Frontalunterricht sind kaum mehr möglich, Binnendifferenzierung ist Unterrichtsprinzip
2. Kein Kind ist immer das Leistungsstärkste/Leistungsschwächste
3. individueller Lernweg ohne soziale Gruppe zu verlieren
4. soziales Lernen im Miteinander: gegenseitiges Helfen
5. Aggressivität in altersgemischten Gruppen ist deutlich geringer
6. Bedürfnis nach körperlicher Nähe muss nicht allein vom Lehrer gestillt werden
7. zwangläufige Konfrontation mit der eigenen Entwicklung
8. beiläufige Wiederholungen bei Fragen von jüngeren Schülern
9. Vermittlung von Sozial-, Ich-, Sach- und Methodenkompetenz

Erfahrungen
- mangelnde Auseinandersetzung mit der EWI Petersens und seinem Begründungs-, Erklärungsgerüst
- Schulkonzept steht und fällt mit der Persönlichkeit des Lehrers
- Angenehme Arbeitsatmosphäre, Schüler arbeiten ruhig und selbstständig
- Weniger Frontalunterricht
- Offene Gesprächskultur, jeder Beitrag wird ernst genommen

Allgemeine (Realistische) Erziehungswissenschaft

- angelehnt an den Realismus „Die Stellung der Realisten ist also die inmitten des Seins", des sinnlich Erfahrbaren – bewusstseinsunabhängige Realität → Erfahrungspädagogik
- wahres Wissen über den Menschen und die Welt
- Grundthese: gesamte erfahrbare Welt weist auf eine Wirklichkeit zurück. Um deren Beschaffenheit muss man sich kümmern, bevor man sich der Erziehung widmen kann
- Abwertung von Rationalismus, Intellektualismus, Individualismus und Liberalismus (wichtigste Ergebnisse der Aufklärungsepoche – 18. Jh.)
- a-historische Naturkategorien (z.B. Gemeinschaft)
- Zweck: volkstheoretische Begründung einer neuen Gemeinschaftsschule

Definitionen

1. Masse
- Ursprüngliche Gruppierung von Menschen, in der die individuelle Besonderheit jedes Einzelnen verschwindet

2. Gesellschaft (Staat, Kirche und Wirtschaft)
- „Reich der Lebensnot", „Kampfverband"
- wird zur Erreichung bestimmter Zwecke (praktische Bedürfnisse) nach zweckrationalen Prinzipien geschaffen und strukturiert
- kennt kein höheres Ziel, da sie in keiner Weise Selbstzweck ist, Menschen als Mittel zum Zweck
- Nutzenmaximierung und rationale Steuerung, straffe und geschlossene Organisation
- Pluralismus
- Hierarchisches System mit Machtinteressen
- Egoistische Motive und Konkurrenzdenken
- so lange unproblematisch als die fundierenden Gemeinschaften intakt sind
- in der Moderne: Gesellschaft setzt sich an die Stelle von Gemeinschaft → Verfall des Volkes
- der Staat als gesellschaftliche Organisation, die ein Defizit an Geistigkeit besitzt, kann keine geistigen Tugenden (Treue, Nächstenliebe) bewirken
- Schul/Jahrgangs-Klasse als Form der Gesellschaft

3. Gemeinschaft (organologisch als Naturkategorie gedeutet):
- Gemeinschaften (mit biologisch-blutmäßiger Basis) sind dem Individuum vorgeordnete und vorgegebene, metaphysisch begründete Wirklichkeiten
- „Ausdruck für diejenige geistige Kraft, welche durch alles Gewordene hindurchgeht; für die reale Vereinigung von Menschen, in denen das „rein Menschliche", das Geistige bestimmend ist"
- absichtsloses Handeln, Gemeinschaft ist Selbstzweck
- Gemeinbewusstsein: Bewusstsein, dass ein jeder zum Dienen bestimmt ist
- bedeutsamste Gemeinschaften: Volk und Familie
- freie Dynamik ihrer Innenstruktur
- Rollen: Führer, Aktive, Aufnehmende;

- Einzelmenschen ordnen sich <u>frei</u> ein oder einer geistigen Idee unter, Unterordnung unter das Volksganze (legitimiert durch <u>Anlagendetermination</u> und <u>festgelegten Menschentypus</u>)
- In der Gemeinschaft weiß jeder um „seine Stelle, den Platz, der ihm zukommt"
- Jeder kann zur <u>Harmonie</u> gelangen: seinen Platz in der Gemeinschaft erkennen und glücklich werden
- Das <u>Individuum</u> wird als „<u>Glied der Gemeinschaft</u>", als Persönlichkeit tätig
- Petersens pädagogische Innovationen dienen der Hervorbringung des Gemeinschaftslebens
- Gemeinschaftspädagogik als Gegensatz zu Sozialpädagogik (Gesellschaftsbezug) und Individualpädagogik
- <u>Gruppe</u> als Form der Gemeinschaft

4. Erziehung
- <u>dient der Menschwerdung des Menschen</u>
- „Funktion von Gemeinschaft: <u>Vergeistigung in Tätigkeit</u>"
- jegliches Einwirken der gemeinschaftlichen Kräfte auf das Individuum
- <u>Ziel:</u> volksgebundener freier Mensch, „Mensch der Polis"
- Erziehung vollzieht sich in und durch die Gemeinschaft
  - → Ziel: <u>gemeinschaftsbezogene Persönlichkeiten</u> hervorbringen, <u>nicht individuell eigentümliche Menschen</u>
  - → der Einzelne soll nur innerhalb des ihm zugewiesenen Bereichs funktionieren (Erziehung als Vorgang der Anpassung)

Zusammenhang von Gemeinschaft, Vergeistigung und Erziehung → Humanität vollzieht sich in erzieherischer Gemeinschaft

5. Bildung
- Jedes Individuum entwickelt sich nach einem ihm eigenen Bildungsgesetz
- Bildung ist Entwicklung, Entfaltung und Formung des Einzelnen nach seinen Möglichkeiten.
- Formwerdung durch Entfaltung der angelegten Kräfte und durch Aufnahme und Verarbeitung der Kultur und ihrer Werte.

6. Entwicklung
- anlagengemäße Entwicklung

7. Fortschritt
- Petersen glaubte auf diesen Begriff verzichten zu können
- Für die Entwicklung der Menschen weder nötig noch möglich
- „Die Menschen werden nicht besser aber auch nicht schlechter"

8. Menschentypen (durch Anlagendetermination vorbestimmt)
- Aufnehmende/Eingeweidetyp: breite, primitive Unterschicht
- Aktive/Relativ-Passive: können noch keine Verantwortung übernehmen
- Führer: Fähigkeit zur Überschau

Pädagogische Tatsachenforschung

<u>Def.</u>: Pädagogische Tatsachen: finden sich in dem Verhalten, der Tätigkeit, den Handlungen und Leistungen der Kinder und Jugendlichen, der Lehrer und Erzieher. <u>Grundlage</u> war die Pädagogische Situation, die von Petersen mit Hilfe von Protokollen festgehalten wurde.
Damit leistete Petersen einen Beitrag zur <u>empirischen Erziehungswissenschaft</u>
- Empirische Forschungsmethode am Objekt der Schule selbst
- Der experimentellen Praxis der Pädagogischen Bewegung sollte eine forschende experimentelle EWI zur Seite gestellt werden (P. pflegte dafür engen Kontakt zu E. Meumann, einem Vorreiter der experimentellen EWI)
  → P. Ansatz empirischer Forschung: experimentelle Pädagogik sollte in eine pädagogische Tatsachenforschung überführt werden
- Vorteil: experimentelle Pädagogik als Mittel um EWI auf empirische Grundlage zu stellen
- Nachteil: lebendiger Prozesscharakter pädagogischer Interaktion wird nicht erfasst
- Suche nach <u>allgemeinen Gesetzen der Erziehung</u>
- dient der Aufnahme und Analyse von Gemeinschaftsprozessen
- Erforschung aller erfassbarer pädagogischer Tatsachen von den einzelnen Geschehnissen bis zu den Grundsätzen, zunächst beschränkt auf die Schulwelt
  → <u>Ziel</u>: Erfahrungen auswerten, Beweis für allgemeine Praktikabilität (P. war jedoch eigentlich nur an einer Forschung interessiert, welche die <u>Annahmen</u> <u>des</u> <u>Plans</u> <u>an</u> <u>dessen</u> <u>Erfolg</u> <u>zu</u> <u>verifizieren</u> versucht. Falsifikationsmöglichkeiten waren nicht vorgesehen)

Allgemeine Kritik am Jenaplan und Peter Petersens Begründungszusammenhängen

Fragen, die man sich stellen sollte, wenn man sich an P.s Werk zu orientieren versucht:

1. Welche Bedeutung will man einem Pädagogen einräumen, der immerhin mehr als einmal Hitler als Erzieher des Volkes begrüßt hat?
2. Kann man P.s pädagogische Ideen aus dem Lichte jener Volkstheorie und Erziehungsmetaphysik herauslösen und als ein bloßes Modell zur Organisation von Unterricht und Schulleben rezipieren? (s. Jena-Plan-Schule Neukölln)
- Jenaplan besitzt keine demokratische Struktur (Zunft-Trias, Gemeinschaft steht über dem Individuum)
- Begründungszusammenhänge sind eng mit dem totalitären Gemeinschaftsbegriff und dem antiintellektuellen Ressentiment des theoretischen Werkes von P.P. verknüpft
  → Entwicklung einer demokratischen Struktur möglich?
3. Brauchen wir den Jena-Plan und wenn, wozu?
- Innovative Ideen lassen sich auch in anderen pädagogischen Modellen finden (z.B. Bremer Reformschule)

- Ein Nutzen des Jenaplans: in ihm enthaltene autoritäre Versicherung, dass seine Adepten die „richtige Pädagogik" betreiben.

Kritik (contra)

Schule ohne Gesellschaft?:
- P. konzentrierte sich auf die innere Schulreform (Unterrichts- und Erziehungsformen) und siedelte seine Pädagogik in einem gesellschaftspolitischen Vakuum an. Schulstrukturelle Veränderungen wurden nicht angegangen
- innerschulische Gemeinschaft, später jedoch muss jeder seinen Platz in der Gesellschaft einnehmen
- Schulgemeinschaft: entweder nur Idylle, aus der die Schüler später herausgerissen werden oder Tünche, durch die die gesellschaftliche Realität hindurchscheint
- Durch das Fernhalten von der Gesellschaft verlernen die Schüler die Auseinandersetzungs- und Konfliktfähigkeit mit anderen
- Gemeinschaft stirbt ohne Reibungsmöglichkeiten, Perspektivenübernahme als notwendiges Mittel

Antidemokratische Potentiale:
- Verrat an den Rechten des Individuums gegenüber dem Mythos der Gemeinschaft (Sozialwille steht über dem Individualwillen)
- Multiperspektivismus wird aufgegeben
- Setzte begnadete Führernaturen an die Stelle professionellen pädagogischen Handelns
- Er wies die von B. Otto und anderen Reformpädagogen entwickelten auf Demokratisierung zielende Einrichtungen zurück, wie Schülerparlamente und Schülergerichte oder andere Selbstverwaltungsformen für Schüler
- In seinem Konzept finden sich keine Elemente, in denen es explizit um den kritischen Gebrauch der individuellen Vernunft, um Eigenständigkeit des Denkens und Handelns, um selbstbewusste Selbstständigkeit geht
- Begrenzung/Fixierung auf einen Beruf (Fachidiotismus) als Gefahr für die geistige und sittliche Entwicklung des Menschen
- Verwechselte Sittlichkeit mit Sitte
- Kritik am Intellektualismus (Primat der Erziehung)
- Negierung politischer Systeme, stattdessen: „pädagogischer Realismus", der dazu diente, die politischen Verhältnisse zu rechtfertigen

Petersen legte seinen Jena-Plan zu unterschiedlichen Zeiten unterschiedlich aus:
Weimarer Republik: Betonung der antiparlamentarischen Grundstruktur; Erziehung frei von den Schwankungen der Parteipolitik
NS: Feststellung der völligen Übereinstimmung von Jena-Plan-Pädagogik und NS-Weltanschauung, „Führerprinzip" als volks-, nationaltheoretische Begründung des Jena-Plans, „Allgemeine EWI" als theoretische Abhandlung, welche die NS-Politik vor mehr als zehn Jahren vorweggenommen und wissenschaftlich begründet habe

SBZ: neue Schulgesetzgebung könnte mit Leben gefüllt werden

Ab 1949: Versuch, den Plan von den politischen Einlassungen in früheren Applikationen zu „reinigen" und ihm den Charakter eines bloßen Organisationsplans zu geben

Praxisbezug
- ungeklärte Didaktikfrage
- Mehrarbeit für Lehrer (Unterrichtung von 3 Altersstufen, Wochenplanarbeit, Organisation der Feiern), Schulkonzept steht und fällt mit entsprechendem Lehrerverhalten
- (Un)möglichkeit der Förderung aller Schüler

Vormoderne, konservative Denkweisen (aus dem MA herrührende Vorstellungen; naturalistische Fehlschlüsse:
- Negation einer sittlichen Vervollkommnung des Menschen
- Erziehung als Vorgang der Anpassung, Hineingelebtwerdens in die Gemeinschaft (a-historische Naturkategorie)
- Institutionstheoretischer Horizont Petersens verengt sich; Begrenzung auf innere Schulreform

Fragwürdige Bezeichnung der Zunft-Trias
- zunftgemäßes Denken: Lehrling, Geselle, Meister; auch wenn Hierarchie (Kennzeichen einer Gesellschaft) nicht beabsichtigt war
- Abgrenzung wird nahegelegt, die eigentlich von Petersen besonders verneint wurde
- Wieso fange ich in der 4. „Klasse" wieder als Lehrling and, wenn ich diese Bezeichnung bereits in der 1. „Klasse" bekam? Vorteil: hochnäsige, hochbegabte Schüler werden von ihrem hohen Ross geholt
- Heute spricht niemand mehr von diesen Begrifflichkeiten

Kritik (pro)

- „reifstes Ergebnis der Reformbewegung"
- löbliches Konzept einer humanen Schule; vor allen Dingen auf die damalige Zeit, aber auch auf heute bezogen
- Petersen selbst bezeichnete seine Konzeption als Ausgangsform, nicht als dogmatisch bindend.
  Um zukunftsrelevant zu bleiben: Kritikfähigkeit als Ausdruck für Anwendbarkeit, Anpassung an die Bedingungen der Zeit.
- Lehrer und Schüler / Schüler und Schüler als Partner, wechselseitiges Lernen
- Wochenarbeitsplan, Wechsel von Arbeits- und Aktionsformen
- Selbstständiges, selbsttätiges und ganzheitliches Arbeiten der Schüler, Motivation von Seiten der Lehrer nicht notwenig (Schule des Schweigens), man weiß: je geringer die extrinsische Motivation, desto länger bleibt die intrinsische Motivation erhalten
- Reformpädagogik geht von unersättlicher Begierde nach Erkenntnis aus, die nur durch intrinsische Motivation wachgehalten werden kann
- Gemeinschaftsgefühl wird erlebt, was heutzutage häufig fehlt

- Gegenseitige <u>Toleranz</u> wächst, <u>weniger Streit / Prügel</u>
- Enge Zusammenarbeit mit den <u>Eltern</u>

Biographie Petersens: 1884 - 1952

Kindheit
- 1884 als <u>Bauernsohn</u> in Großenwiehe bei Flensburg geboren
- erster Sohn
- sechs am Leben gebliebene Geschwister
- konnte sich in dieser Lebenswelt eins fühlen: <u>Natur, Arbeit und Menschen</u>
- für die Erfüllung zugewiesener Arbeiten wird volles Vertrauen in ihn gesetzt, lebensnotwendig für die <u>Gemeinschaft</u>, sinnerfüllend

Schüler in Großenwiehe
- 1890 bis 1896: Dorfschule
- zwei Lehrer mit hoher Sensibilität für Kinder ermöglichten ihm im „Einklassigen", den Unterrichtsstoff in <u>fünf statt acht Schuljahren</u> zu erarbeiten „Alle Pädagogie ist Lebensdienst" (hochbegabt?)
- → In seinen Erfahrungen wurzeln konstitutive, unveräußerliche Bestandteile der Pädagogik Petersens (Stammgruppen, Beschulung Hochbegabter, fließender Übergang zwischen den Klassen)

Gymnasiast in Flensburg
- von 1896 bis 1904: Besuch des Alten Kgl. Gymnasiums in Flensburg
- Schule hatte sich zu bewusster <u>Bindung an den preußischen Staat</u> verpflichtet
- Ziel: Erziehung zu <u>gehorsamen Untertanen</u> und Erhalt <u>gesellschaftlicher Schichtung</u>
- P.P. leidet unter Ausgrenzung, Einsamkeit und der Last, den Anforderungen genügen zu müssen (Eltern erbrachten finanzielles Opfer)
- <u>Belehrende</u> Schule, P. lernt Bildung und Erziehung zu unterscheiden
- Erste Sensibilität für <u>soziale Ungerechtigkeit</u> bildet sich bei P.P. heraus

Studium in Leipzig
- 1904 bis 1909: Student der Geschichte, Philosophie, Englisch und Ev. Theologie
- 1909: <u>Dissertation</u> in Jena über den „Entwicklungsgedanken bei Wilhelm Wundt"
- 1909: Staatliche Prüfung für das <u>Lehramt</u> an „gelehrten Schulen" <u>mit Auszeichnung!</u>
- Wichtige Weichen für seine spätere Entwicklung zum Reformpädagogen
- <u>Leipzig als Hochburg</u> für die Diskussion von Gegenwartsfragen vor dem 1. Weltkrieg (geschichtlicher Hintergrund: geistige Wandlung von agrarischer Nation in eine <u>Industriemacht</u> in Deutschland, Hauptentwicklungsträger waren die Arbeiter)
- Seine Professoren Karl Lamprecht und Wilhelm Wundt vertraten <u>neue Wissenschaften</u>: Soziologie, Sozialpsychologie und Völkerpsychologie
- Lamprecht richtete <u>Gesprächs- und Übungsräume</u> für Studenten ein und befreite sie von der passiven Hörsaalmentalität → Vorbild für P.s Erziehungswissenschaftliche Anstalt in Jena (Wohnstube, Gruppenunterricht)

- Referendar am Leipziger Königin-Carola-Gymnasium
- Oberschulrat beruft in an die renommierte Gelehrtenschule Johanneum in Hamburg (schon ein halbes Jahr nach Referendariatsbeginn)

Lehrer in Hamburg (Hochburg des reformpädagogischen Ausbruchs und der empirischen Erziehungswissenschaft unter E. Meumann)
„Das Feuer begann in Hamburg zu lodern"

- 1909 bis 1920: Lehrer am konservativen Johanneum
- 1911: Eintritt in die Schulreform mit der Sekretärenstelle beim „Bund für Schulreform"
- 1912: Geschäftsführer beim Deutschen Ausschuss für Erziehung und Unterricht
- 1913: Leiter einer AG am Institut für Jugendkunde
- 1914 – 1920: schreib er immer wieder zu psychologischen und philosophischen Themen
- der 1. Weltkrieg (1914 – 1918) unterbrach alle gestarteten Reformversuche
- seit 1920: eine Gruppe von progressiven Oberlehrern beruft P. an die Lichtwarkschule als Leiter, der ersten Versuchsschule des Höheren Schulwesens (nach der Novemberrevolution von 1918; Republik Dtl.: 9.11.1918); Neue Wege der Unterrichtsgestaltung: Ganzheitliches Lernen, JÜL, Feste, Fahrten, Moderne Fremdsprachen (statt nur Griechisch und Latein), Förderung von Selbständigkeit und Selbstverantwortung, Kern- und Kursunterricht, Mitarbeit von Eltern, Gemeinschaftspflege, Koedukation (erste öffentliche Schule, in der Koedukation durchgesetzt wurde)
  P. teilte nicht die verbreiteten reformpädagogischen Hoffnungen einer Pädagogik „vom Kinde aus", sondern betonte die Erziehungsfunktion des Lehrers
- → Ziel: Humanität, Charakter, Individualität und internationales Verstehen
- → Resultat: Verantwortlichkeit als Bürger, Überzeugung, dass „no man is an island"
- 1920: Habilitation in Hamburg über Aristoteles, entwirft als Privatdozent eine eigenständige Wissenschaft der Erziehung (**1924**: Veröffentlichung: 1. Band der **Allgemeinen Erziehungswissenschaft**; Inhalt: Grundbegriffe „pädagogischen Denkens und Handelns" und verschiedene Handlungsfelder der gesellschaftlichen Praxis; realistische EWI: wahres Wissen über den Menschen und die Welt; Zweck: volkstheoretische Begründung einer neuen Gemeinschaftsschule)
- 1923: Kandidatur für den Lehrstuhl für Pädagogik (in Hamburg) wird abgelehnt, obwohl P.P. alle formalen und inhaltlichen Voraussetzungen erfüllt

Berufen nach Jena
- Max Greil (damaliger sozialistischer Volksbildungsminister) gedachte grundlegende Bildungsreform in die Tat umzusetzen und beruft P.P. 1923 an die Universität Jena als Nachfolger von Wilhelm Rein (Herbartianer)
- P.s Aufgaben: Etablierung der Volksschullehrerausbildung an der Universität, Einheitsschulgedanken in Schulpraxis und öffentlicher Akzeptanz
- Nachdem Berlin gegen die „rote Regierung" Thüringens Reichsexekution verfügt hatte, war keine Rede mehr von akademischer Lehrerbildung an der Universität

- Übrig geblieben waren nur noch das alte Schulhaus und die Reinsche Bibliothek
- P.P. erreichte, das Reinsche Seminar in „Erziehungswissenschaftliche Anstalt (EA)" der Landesuniversität Thüringen umzubenennen, in ein größeres Haus auszulagern und die Reinsche Übungsschule in Universitätsschule Jena umzubenennen (Leiter der Jenaer Universitätsschule)
- „Pädagogisches Institut (PI)" wird als Gegeninstitut eingerichtet
- Zu dieser Zeit der „Rote Petersen" genannt, später der „Braune Petersen"
- **1924: „Allgemeine EWI"**
- **Seit 1923: Entwicklung des Jenaplans**, Beginn des Schulversuchs in Jena, ohne Unterstützung der Öffentlichkeit/des bildungskonservativ gebliebenen Bürger- und Beamtentums
- Ab 1925: Universitäre Übungsschule → Versuchsschule „im Geiste neuer Erziehung"; P. arbeitete für und mit Kindern von Akademikern, Zeißschen Wissenschaftlern und Arbeitern, was zum Jenaplan werden sollte
- **1927: Der kleine Jenaplan**
- er besaß eine hohe Aufnahmebereitschaft, Aufgeschlossenheit, Anstrengungs- und Einsatzbereitschaft, hielt sich viel im Ausland auf (Nashville, Tennessee), beherrschte acht Sprachen
- 1928 Hochzeit mit Dr. Else Müller
- Petersen hat seinen Schulversuch systematisch erprobt, geprüft und wissenschaftlich-begrifflich zu fassen versucht:
- **1930 Band 1 des Großen Jenaplans** (Band 2 und 3: bis 1934)
- 1930 – 1933: Dissertation „Die Sowjetpädagogik"
- 1935: Übersetzung und Veröffentlichung des Projektplans von John Dewey und Kilpatrick
- **1936/37: Führungslehre des Unterrichts** (schulpädagogische Summe seiner Reformarbeit)
- kein Parteimitglied im 3. Reich, von 1946 bis 1948 Mitglied der SPD; tritt aus als diese mit der KPD zur SED zwangsvereinigt wird
Entwicklung einer praxisorientierten Unterrichts- und Erziehungswissenschaft zusammen mit seiner Frau Else Müller-Petersen: **„Pädagogische Tatsachenforschung" von 1949** (s. unten!)
- 1950: seine Schule wird von der SED geschlossen
- 1952 gestorben in Jena, seine Urne wird in Großenwiehe beigesetzt; Spruch auf seinem Grabmal: Der Größte soll sein wie der Jüngste und der Vornehmste wie ein Diener.

Petersens Rolle in der NS-Zeit

Vorwürfe:
- 1932: intensiverer Kontakt zu völkischen, dem NS aufgeschlossenen Kreisen; konservativ, national, vertrat jedoch nicht antisemitische Auffassungen
- nach außen hin NS-treu
- Wenn es seinen Ideen dienlich war, bediente er sich bestehender Kontakte zu dritten Personen, denen er größeren politischen Einfluss zutraute
- Entscheidend war für ihn, ob ein bestimmtes Handlungsziel innerhalb seiner Interessensphäre angesiedelt war; P. wollte unter allen Umständen sein pädagogisches Konzept weiterführen

- Jenaplan konnte während der gesamten NS-Zeit weitergeführt werden (zurückzuführen auf internationale Bekanntheit)
- Wieso ging Petersen mit seinen guten Auslandskontakten und enormen Sprachkenntnissen nicht ins Ausland?
- Annäherung an NS-Positionen, z.B.: Öffnung für rassebiologische Gedanken und für Militarismus, vertrat jedoch nicht die rassehygienischen Überzeugungen der NS-Ideologie und Diktatur
- Holocaust wurde nicht befürwortet, aber eine Widerstandskraft gegen totalitäre Vereinnahmungen konnte nicht entwickelt werden (aufgrund der Unterordnung des Individuums unter die Gemeinschaft)
- Konformität signalisierende Zusätze in den Neuauflagen älterer Werke
- Positive Äußerungen über Hitler und den NS; begrüßte Hitler als den „größten Erzieher des deutschen Volkes"
- Reisen und Vorträge ins Ausland wurden als Repräsentanz des NS-Regimes gesehen
- P. hielt Vorträge im Konzentrationslager Buchenwald (Tatsache an sich gab Anlass zur Kritik, nicht deren Inhalt)
- Verdrängung all dessen, was unter NS-politischen Verhältnissen gesagt worden war; keine Reflexion; ausschließlich Streichungen (z.B. volkstheoretischer Begründungsargumente oder Bezugnahmen auf antidemokratische und nationalsozialistische Überzeugungen)

Gegenargumente:
- bis zum Frühjahr 1933 noch keine Flagge, Schule sollte ihm genommen werden
- ab 1934: Schule unter SS-Aufsicht
- 1936: Amtsenthebung ernstlich erwogen
- ab 1942: von Adolf Reichwein (Reform, bzw. Arbeitspädagoge) in die Widerstandsbewegung mit eingesetzt
- griff in seinen Vorlesungen die NS-Staatstheorie an
- weder begann noch schloss er mit einem Hitler-Gruß
- gewährte allen Kindern Zuflucht, auch Kindern von Kommunisten, Juden oder Inhaftierten (1947: Petersen schrieb über sein „Durchkommen")
- nicht mehr oder weniger demokratisch als andere Schulen zu dieser Zeit
- Regelschulen waren ideologischen Zugriffen ebenso ausgesetzt. Im Gegensatz zu Reformschulen vermochten die Regelschulen immer sich ohne Schwierigkeiten an die jeweiligen politischen Systeme anzupassen.
  → Unhinterfragbarer Fortbestand unabhängig von Qualität (nach Rülcker/Oelkers: Polit. Reformpäd.)

Frage: Wie konnte diese Schule ohne Einschränkungen bestehen?
Anpassung oder Übernahme der NS-Ideologie?
Internationaler Bekanntheitsgrad?
Bisher gibt es noch keine vollständige Quellenauswertung

<u>konstitutive Elemente:</u>
1. Ausgangsform für neues Schul- und Unterrichtsleben
2. Gruppenunterricht
3. Lehrer als Glied der Gruppengemeinschaft, veränderte Lehrerrolle (s. oben)
4. Schüler: Träger der Schularbeit
5. Eltern sind da, wenn und wo sie gebraucht werden
6. Erziehungs- und Charakterschulen (statt Unterrichtsanstalten)
7. Lebensrhythmus spiegelt sich in Wochen- und Jahresarbeitsplänen
8. Urformen (Gespräch, Arbeit, Spiel und Feier), denen pädagogische Situationen zugrunde liegen
9. mindestens sechs- im Idealfall zehnjährige allgemeine Volksschule
10. Rahmen / Ausgangsform für eine Neuordnung, kein Dogma (Erziehungsstätten statt Lernschule)

Jedes Warten auf und Fordern von Verbesserungen als Voraussetzung zu eigenem Handeln ändert nichts, macht die Situation nur schlimmer.

Fragen:
Wann begann die Emanzipation?
Seit wann muss für die Schule nicht mehr gezahlt werden?
Geschichtlicher Abriss
Sei wann gibt es eine akademische Lehrerbildung?